초등학교 입학

준비됐나요?

1학년 수학

예림당

수학은 어렵지 않아요

유치원을 졸업하고 초등학생이 되면 다양한 수업을 듣게 됩니다.
그중에서도 특히 수학은 어렵고 재미없을 거라고
미리 걱정을 하지요.
자, 아래 OX 퀴즈를 한번 풀어 볼까요?

OX 퀴즈

1. 수학을 잘 배우면 숫자를 늘였다 줄였다 마음대로 할 수 있다?

O   X

힌트 수학에는 덧셈과 뺄셈이 있어요.

2. 수학 시간에는 문제만 풀고, 그림을 그리거나 놀이는 하지 않는다?

O   X

힌트 그림 그리기와 놀이를 통해 재미있게 수학을 배워요.

3. 자연에서도 수학을 찾을 수 있다?

O   X

힌트 나뭇잎의 모양이나 꽃의 패턴을 떠올려 보세요.

정답 1.O 2.X 3.O

어때요? 정답을 잘 맞혔나요?

사실 수학은 아주 재미있는 과목이에요.

이제 막 1학년이 된 여러분은 문제만 계속 푸는 것이 아니라

그림을 그리거나 놀이를 하며 재미있게 수학을 배울 거예요.

다양한 활동들을 따라하다 보면 자연스럽게 수학과

친해질 수 있답니다.

그러니 두려워하지 마세요!

여러분은 충분히 잘할 수 있어요!

수 모형으로
배우니
재미있다.

0부터 10까지
수 모형이 하나씩
늘어나네.

0 1 2 3 4 5 6 7 8 9 10

수학을 재미있게 공부하는 법

수학은 어디에나 있어요. 두리번두리번 주변에서 수학 찾는 연습을 하다 보면
재미있고 자연스럽게 수학 공부를 할 수 있을 거예요.

일상생활에서 수학 찾기

마트에 가거나 시계를 볼 때 등 일상
생활에서 수학 개념을 익혀요.

수학 동화책 읽기

수학적 개념이 담긴 동화책을 읽고
관련 이야기를 나누며 수학을 재미
있게 공부해요.

자연에서 수학 찾기

꽃잎의 개수를 세어 보고 잎의 형태를 살펴보는 등 자연에서 규칙을 찾고, 숫자를 세며 수학적 개념을 익혀요.

요리에서 수학 찾기

요리하는 과정을 통해 더하기, 빼기, 순서 등의 개념을 익혀요.

놀이에서 수학 찾기

가게 놀이나 은행 놀이 같은 놀이를 통해 돈의 가치와 덧셈, 뺄셈을 재미있게 공부해요.

수학 교과서를 살펴볼까요?

1학년에 입학하면 앞으로 공부할 교과서를 나눠 줘요. 수학 교과서는
수학과 수학익힘책으로 구성되어 있어요.

교과서 겉면에
'수학'이라는 과목명이
적혀 있어요.

1-1은 1학년 1학기를
뜻해요. 초등학교는
1학기, 2학기로 나눠서
공부해요. 1-2는
1학년 2학기겠죠?

 수학익힘책

수학 교과서에는 수학익힘책도 포함되어 있어요.
수학익힘책에는 다양한 문제들이 실려 있어서
배운 내용을 복습할 수 있어요.

1학년 수학 교과서는 수에 대한 개념부터 수 읽기, 덧셈, 뺄셈, 모양과 규칙 찾기 등 다양한 수학 원리를 배울 수 있게 구성되어 있어요.

1학년 1학기

1단원 9까지의 수

2단원 여러 가지 모양

3단원 덧셈과 뺄셈

4단원 비교하기

5단원 50까지의 수

1학년 2학기

1단원 100까지의 수

2단원 덧셈과 뺄셈(1)

3단원 모양과 시각

4단원 덧셈과 뺄셈(2)

5단원 규칙 찾기

6단원 덧셈과 뺄셈(3)

수학 교과서를 보니
재미있어 보이나요?
모든 과목이 중요하지만 특히
수학은 가장 중요한 과목 중
하나랍니다.

차례

1장
1부터 9까지의 수 알기
1을 배워요 ·········· 12
2를 배워요 ·········· 14
3을 배워요 ·········· 16
4를 배워요 ·········· 18
5를 배워요 ·········· 20
6을 배워요 ·········· 22
7을 배워요 ·········· 24
8을 배워요 ·········· 26
9를 배워요 ·········· 28
0을 배워요 ·········· 30
'~째' 순서를 익혀요 ·········· 32

2장
모으기와 가르기
수 모으기 ·········· 36
수 가르기 ·········· 38

3장
10부터 100까지
10을 배워요 ·········· 42
십몇을 배워요 ·········· 45
수 모형 읽기 ·········· 46
11~15를 세요 ·········· 47
16~20을 세요 ·········· 48
1 작은 수, 1 큰 수 ·········· 49
1~100 비밀 코드를 맞혀라! ·········· 50
짝수와 홀수 ·········· 52
수의 크기 비교 ·········· 53
길이와 무게 비교 ·········· 54
넓이와 양 비교 ·········· 55

4장

덧셈과 뺄셈

덧셈 꿀팁 ································ 58
팝잇으로 덧셈 놀이 ··············· 60
덧셈식 만들기 ···················· 61
뺄셈 꿀팁 ························· 62
뺄셈식 만들기 ···················· 64
세로식으로 계산하기 ··············· 65
세 수의 덧셈, 뺄셈 ················ 67

6장

시계 읽기

시계에 대해 알아봐요 ············· 82
'몇 시' 읽는 법 ···················· 84
'몇 시 30분' 읽는 법 ··············· 86
시계 읽기 척척박사 ················ 88
달력에 대해 알아봐요 ············· 91
달력 속 1년 ······················· 92

정답 ······························· 94

5장

모양과 규칙 찾기

비슷한 모양 찾기 ················· 70
색에서 규칙 찾기 ················· 74
모양에서 규칙 찾기 ··············· 75
수에서 규칙 찾기 ················· 76
게임 만들기 ······················· 78
규칙 만들기 ······················· 79

1장에서 배워요

- 1을 배워요
- 2를 배워요
- 3을 배워요
- 4를 배워요
- 5를 배워요
- 6을 배워요
- 7을 배워요
- 8을 배워요
- 9를 배워요
- 0을 배워요
- '~째' 순서를 익혀요

1장

1부터 9까지의 수 알기

1을 배워요

1을 따라 쓰고, 1만큼 색칠해 보세요.

수직선 어디에 1이 있는지 점을 찍어 보세요.

코끼리 한 마리씩 ○를 해 보세요.

숫자 1만큼 나무에 바나나 스티커를 붙여 보세요.

2를 배워요

2를 따라 쓰고, 2만큼 색칠해 보세요.

수직선 어디에 2가 있는지 점을 찍어 보세요.

강아지를 두 마리씩 묶어 보세요.

숫자 2만큼 접시에 뼈다귀 스티커를 붙여 보세요.

3을 배워요

3을 따라 쓰고, 3만큼 색칠해 보세요.

수직선 어디에 3이 있는지 점을 찍어 보세요.

다람쥐를 세 마리씩 묶어 보세요.

숫자 3만큼 바구니에 도토리 스티커를 붙여 보세요.

4를 배워요

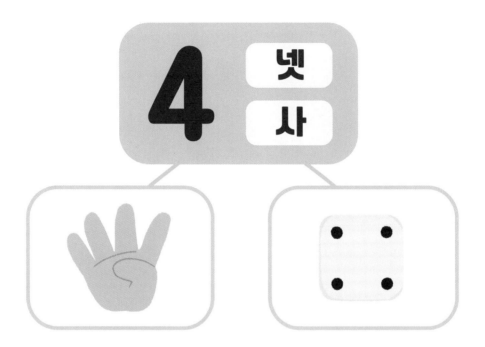

4를 따라 쓰고, 4만큼 색칠해 보세요.

수직선 어디에 4가 있는지 점을 찍어 보세요.

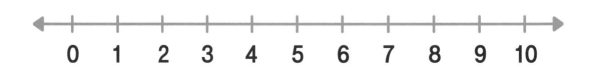

참새를 네 마리씩 묶어 보세요.

숫자 4만큼 유리병에 비스킷 스티커를 붙여 보세요.

5를 배워요

5를 따라 쓰고, 5만큼 색칠해 보세요.

수직선 어디에 5가 있는지 점을 찍어 보세요.

고양이를 다섯 마리씩 묶어 보세요.

숫자 5만큼 어항에 물고기 스티커를 붙여 보세요.

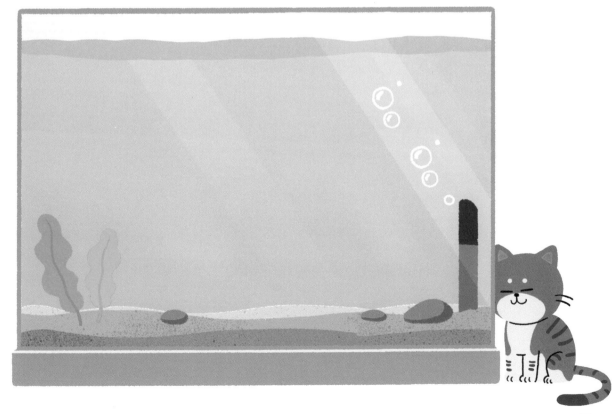

6을 배워요

6을 따라 쓰고, 6만큼 색칠해 보세요.

수직선 어디에 6이 있는지 점을 찍어 보세요.

토끼를 여섯 마리씩 묶어 보세요.

숫자 6만큼 케이크에 **초 스티커**를 붙여 보세요.

7을 배워요

7을 따라 쓰고, 7만큼 색칠해 보세요.

수직선 어디에 7이 있는지 점을 찍어 보세요.

오리를 일곱 마리씩 묶어 보세요.

숫자 7만큼 둥지에 알 스티커를 붙여 보세요.

8을 배워요

 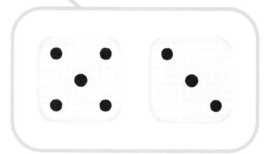

8을 따라 쓰고, 8만큼 색칠해 보세요.

수직선 어디에 8이 있는지 점을 찍어 보세요.

나비를 여덟 마리씩 묶어 보세요.

숫자 8만큼 꽃다발에

꽃 스티커를 붙여 보세요.

9를 배워요

9를 따라 쓰고, 9만큼 색칠해 보세요.

수직선 어디에 9가 있는지 점을 찍어 보세요.

0 1 2 3 4 5 6 7 8 9 10

무당벌레를 아홉 마리씩 묶어 보세요.

숫자 9만큼 나무에 사과 스티커를 붙여 보세요.

0을 배워요

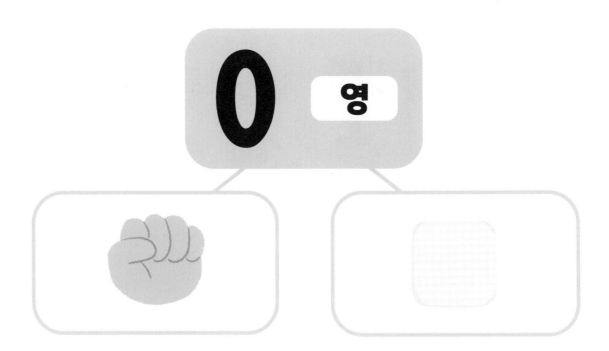

0을 따라 쓰고, 0만큼 색칠해 보세요.

수직선 어디에 0이 있는지 점을 찍어 보세요.

0은 '아무것도 없다'를 뜻해요.
0의 다양한 상황을 가족과 함께 이야기해 보세요.

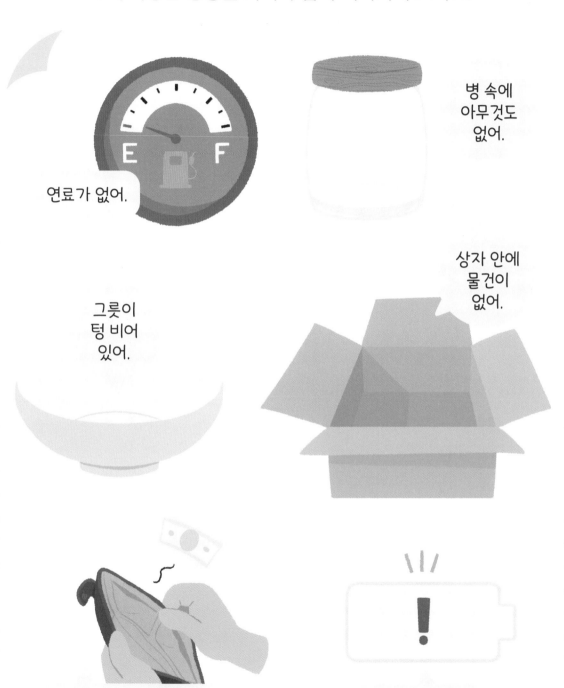

연료가 없어.

병 속에
아무것도
없어.

그릇이
텅 비어
있어.

상자 안에
물건이
없어.

지갑에 돈이 하나도 없어.

배터리가 0이야.

'~째' 순서를 익혀요

빈칸에 순서대로 알맞은 수를 써넣으세요.

수야
채워져라,
얍!

1
첫째

둘째

셋째

4
넷째

여섯째

다섯째

7
일곱째

여덟째

순서를 셀 때는
'~째'를 붙여요.

9
아홉째

어떤 수가 빠졌을까요?
빈칸에 순서대로 알맞은 수를 써넣으세요.

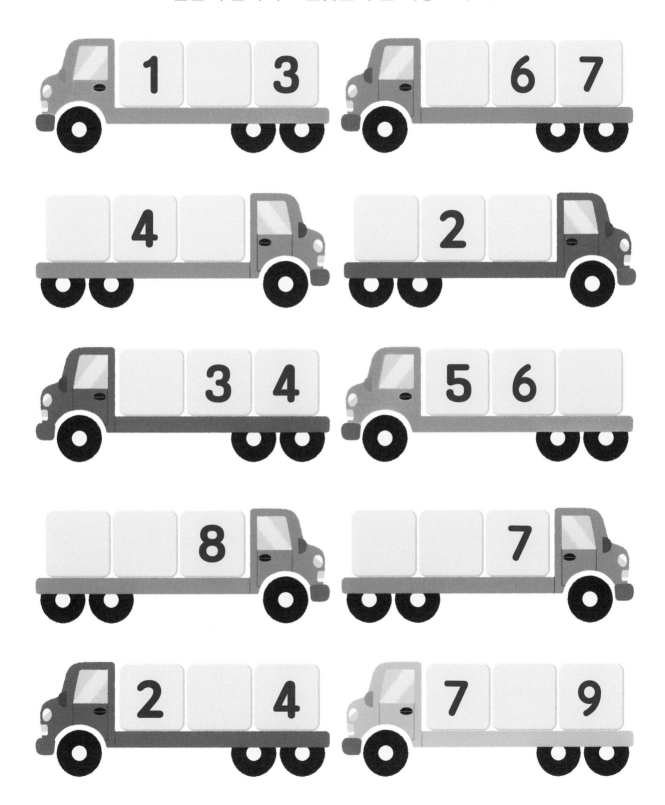

2장에서 배워요

- 수 모으기
- 수 가르기

모으기와 가르기

수 모으기

그림을 보고 수 모으기를 해 보세요.

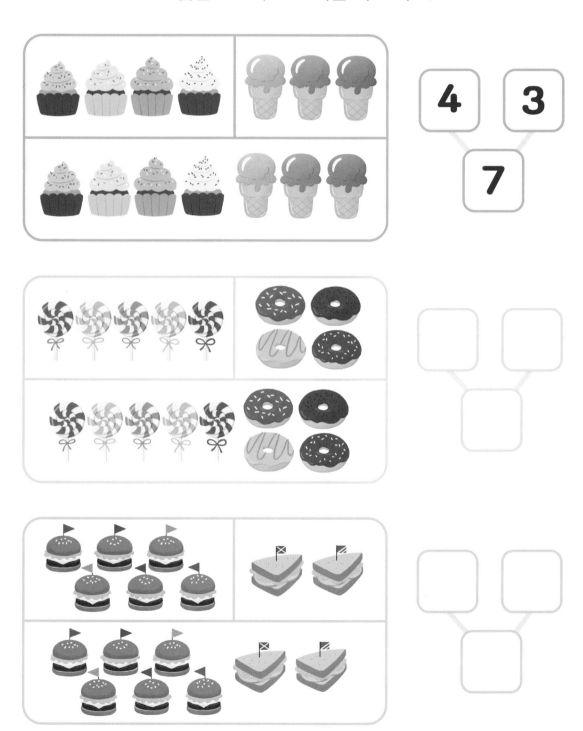

주사위 눈을 모아 빈칸에 알맞은 수를 써넣으세요.

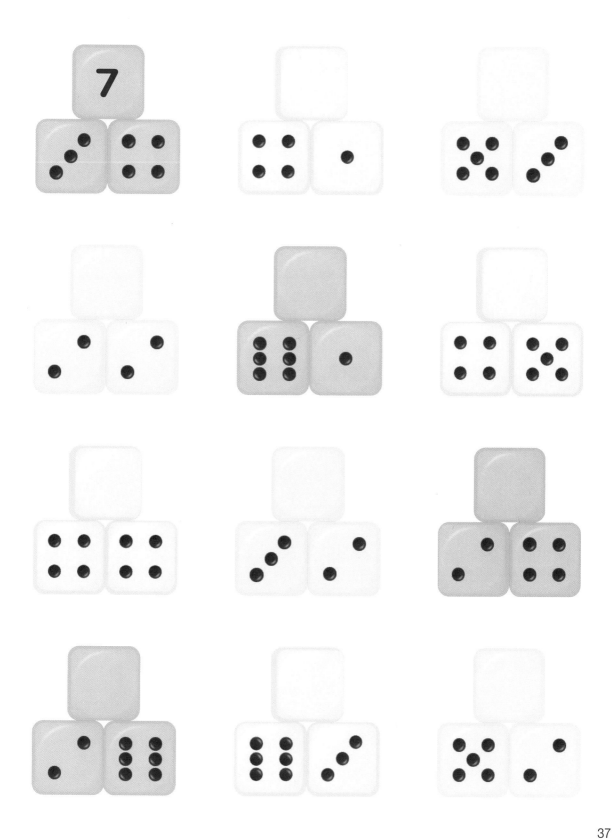

수 가르기

그림을 보고 수 가르기를 해 보세요.

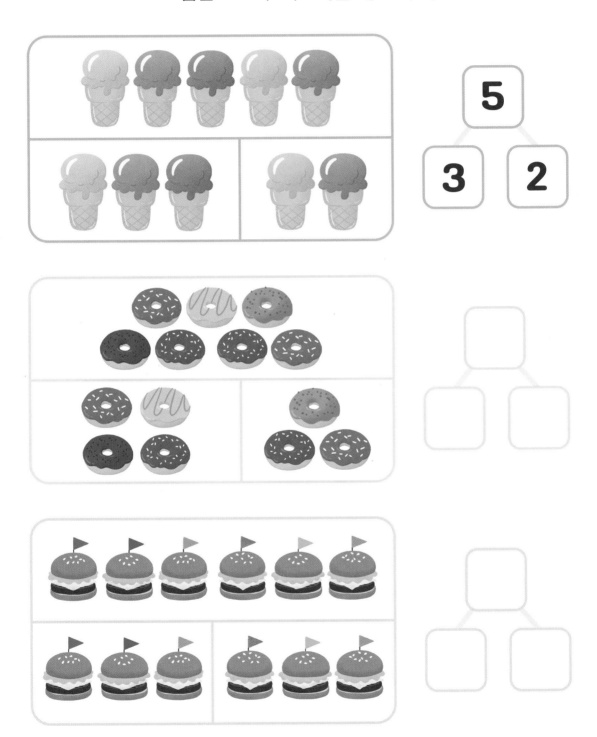

수를 보고 빈칸에 알맞게 주사위 눈을 그려 보세요.

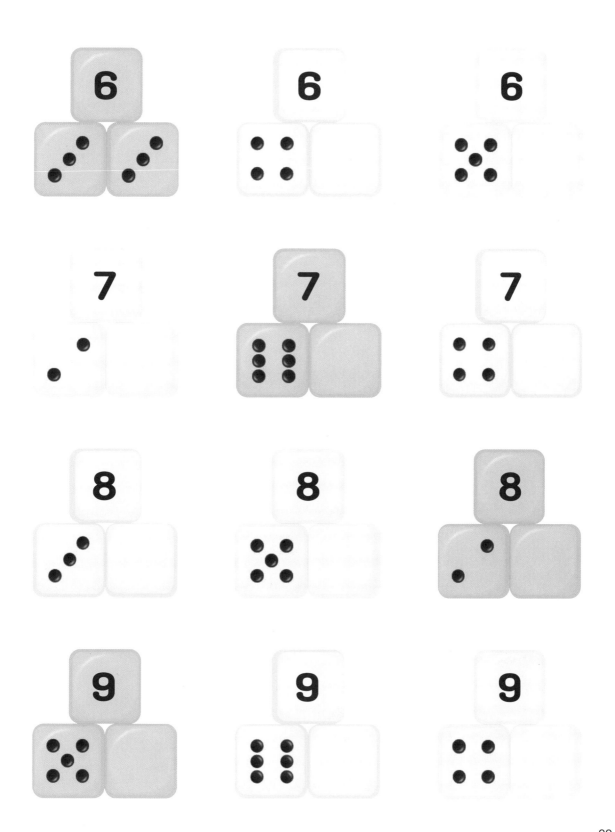

3장에서 배워요

- 10을 배워요
- 십몇을 배워요
- 수 모형 읽기
- 11~15를 세요
- 16~20을 세요
- 1 작은 수, 1 큰 수
- 1~100 비밀 코드를 맞혀라!
- 짝수와 홀수
- 수의 크기 비교
- 길이와 무게 비교
- 넓이와 양 비교

3장

10부터
100까지

10을 배워요

10을 따라 쓰고, 10만큼 색칠해 보세요.

수직선 어디에 10이 있는지 점을 찍어 보세요.

사탕 열 개를 묶어 보세요.

10은 9보다 1만큼 더 큰 수라는 걸 꼭 기억해요!

숫자 10만큼 쟁반에 샌드위치 스티커를 붙여 보세요.

빈칸에 더해서 10을 만들 수 있는 수를 써넣으세요.

말풍선: 0부터 10까지 수 모형이 하나씩 늘어나네.

0 1 2 3 4 5 6 7 8 9 10

$0 + 10 = 10$ $1 + \boxed{} = 10$

$2 + \boxed{} = 10$ $3 + \boxed{} = 10$

$4 + \boxed{} = 10$ $5 + \boxed{} = 10$

$6 + \boxed{} = 10$ $7 + \boxed{} = 10$

$8 + \boxed{} = 10$ $9 + \boxed{} = 10$

십몇을 배워요

10보다 큰 수는 '십몇'으로 읽어요.

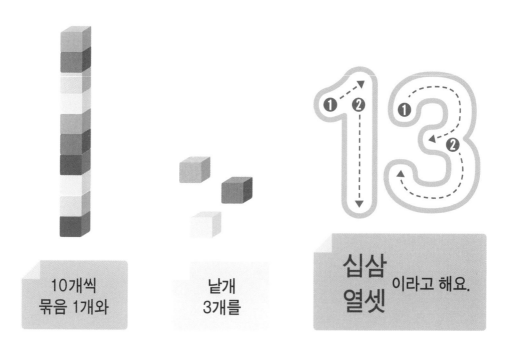

| 10개씩 묶음 1개와 | 낱개 3개를 | 십삼 열셋 이라고 해요. |

십몇을 따라 써 보세요.

11	12	13	14	15
16	17	18	19	20

20은 이십이라 읽어요.
순서를 나타낼 때는
스물, 스무째라고 읽어요.

수 모형 읽기

수 모형이 몇 개인지 빈칸에 쓰고, 읽어 보세요.

10개씩 묶음 **1** 개와 낱개 **2** 개를

모으면 **12** 가 돼요.

12는 **십이** **열둘** 이라고 읽어요.

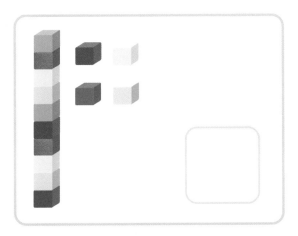

11~15를 세요

그림을 보고 수를 세어 빈칸에 써넣으세요.

16~20을 세요

그림을 보고 수를 세어 맞는 개수에 색칠해 보세요.

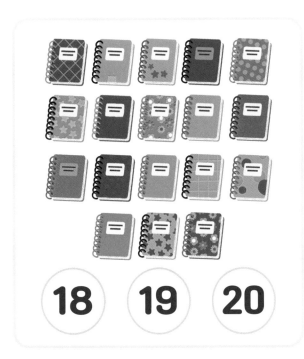

18   19   20

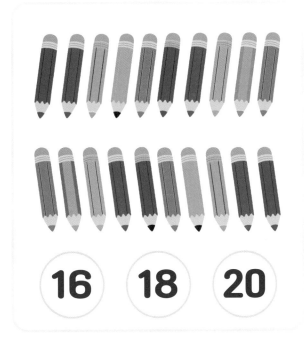

16   18   20

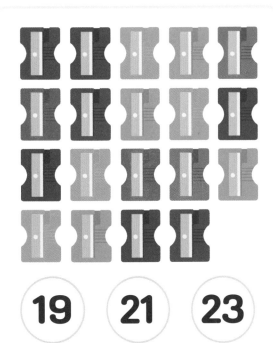

19   21   23

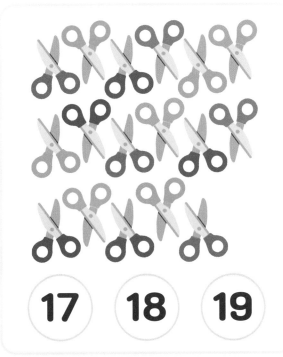

17   18   19

1 작은 수, 1 큰 수

빈칸에 1만큼 더 작은 수를 써넣으세요.

	7
	10
	31
	48
	65
	77
	91

빈칸에 1만큼 더 큰 수를 써넣으세요.

5	
19	
37	
40	
59	
66	
84	

1~100 비밀 코드를 맞혀라!

그림에 가려진 수를 오른쪽 빈칸에 써넣으세요.

1	2	3	4	🌈	→	
6	7	8	🐤	10	→	
💗	12	13	14	15	→	
16	17	18	🐰	20	→	
21	22	🍃	24	25	→	

26	27	28	29	🌷	→	
🐱	32	33	34	35	→	
36	☁️	38	39	40	→	
41	42	43	🌻	45	→	
46	47	🐝	49	50	→	

10개씩 묶어 세어 볼까요?

| 10 십 열 | 20 이십 스물 | 30 삼십 서른 | 40 사십 마흔 | 50 오십 쉰 |

50

어떤 수가
가려져 있지?

51	52	53	54	🐱
💜	57	58	59	60
61	62	☀️	64	65
66	🐰	68	69	70
71	72	73	74	🌈

🐱
💜
☀️
🐰
🌈

76	🌸	78	79	80
81	82	83	84	🌷
86	87	🌈	89	90
🍂	92	93	94	95
96	97	98	❤️	100

🌸
🌷
🌈
🍂
❤️

60 육십 예순   70 칠십 일흔   80 팔십 여든   90 구십 아흔   100 백

짝수와 홀수

둘씩 짝을 지을 때 남는 것이 없는 수를 짝수,
남는 것이 있는 수를 홀수라고 해요.

둘씩 짝 지으니까 남는
것이 없네.

구나!

둘씩 짝 지으니까
하나가 남네.

구나!

짝수를 찾아 ○를 하세요.

1	2	3	4	5	6	7	8	9	10
11	12	13	14	15	16	17	18	19	20

수의 크기 비교

수의 크기는 '크다', '작다'로 비교할 수 있어요.

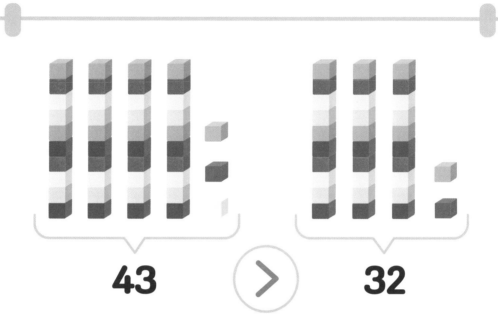

43 > **32**

두 수의 크기를 어떻게 비교했는지 따라 써 보세요.

43은 32보다 **큽니다.**

32는 43보다 **작습니다.**

수의 크기는
>, < 로 나타낼 수 있어요.
벌어진 쪽에 있는 수가
더 큰 수예요.

길이와 무게 비교

길이를 맞게 비교한 말에 ○를 하세요.

가위가 딱풀보다

(깁니다, 짧습니다)

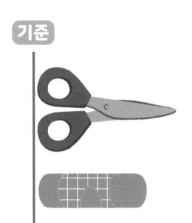

길이를 비교할 때는
기준을 잡아야
하는구나.

무게를 맞게 비교한 말에 ○를 하세요.

무게는
손으로 들어 보면
알 수 있지.

연필이 책보다

(무겁습니다, 가볍습니다)

넓이와 양 비교

넓이를 맞게 비교한 말에 ○를 하세요.

공책이 수첩보다

(넓습니다, 좁습니다)

두 개를
겹쳐 보면
알 수 있어.

양을 맞게 비교한 말에 ○를 하세요.

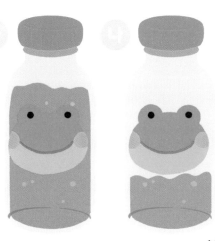

눈으로 보면
양을 알 수 있지.

㉮ 가 ㉯ 보다 양이

(많습니다, 적습니다)

4장에서 배워요

- 덧셈 꿀팁
- 팝잇으로 덧셈 놀이
- 덧셈식 만들기
- 뺄셈 꿀팁
- 뺄셈식 만들기
- 세로식으로 계산하기
- 세 수의 덧셈, 뺄셈

덧셈과
뺄셈

덧셈 꿀팁

다양한 방식으로 덧셈을 할 수 있어요.

손가락으로 셈할 수 있어요.

$$4+2=$$

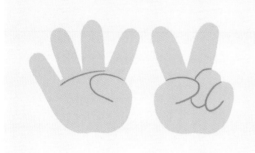

수를 세어 나타낼 수 있어요.

$$8+4=$$

8에서부터 4를 세면 9, 10, 11, 12

수 모형을 이용할 수 있어요.

$$10+2=$$

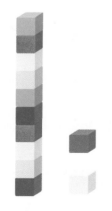

블록을 이용할 수 있어요.

$$1+4=$$

전체와 부분을 나누어 생각해요.

4+6=

4	6

10

그림을 그려 봐요.

5+2=

10을 만들어서 계산해요.

5+7=
5 2

5와 5를 더해서
10을 만든 다음
2를 더하면 되겠다.

5+7=
2 3

3과 7을 더해서
10을 만든 다음,
2를 더해도 되네.

수직선을 이용할 수 있어요.

더하는 수만큼
수직선에서
오른쪽으로 가면
되겠다.

1+3=

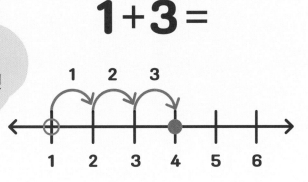

팝잇으로 덧셈 놀이

색깔펜 2개를 준비해 덧셈 문제를 풀어 보세요.

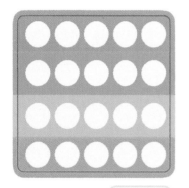

5+4 = [ ]

6+3 = [ ]

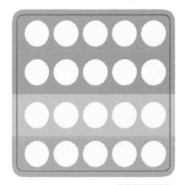

4+4 = [ ]

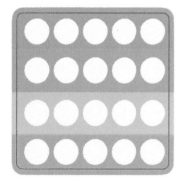

7+3 = [ ]

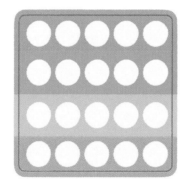

8+4 = [ ]

7+8 = [ ]

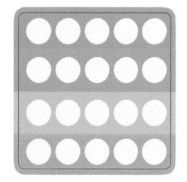

9+3 = [ ]

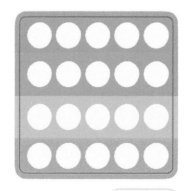

11+2 = [ ]

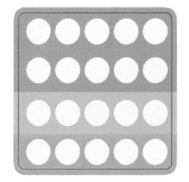

15+5 = [ ]

덧셈식 만들기

그림을 보고 알맞은 덧셈식을 완성해 보세요.

벌은 모두
몇 마리일까?

□ + □ = □

사과는
모두
몇 개일까?

□ + □ = □

뺄셈 꿀팁

다양한 방식으로 뺄셈을 할 수 있어요.

손가락으로 셈할 수 있어요.

5-3=

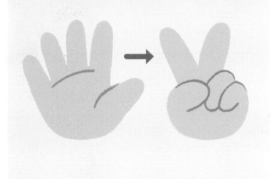

수를 세어 나타낼 수 있어요.

12-4=

12에서부터
거꾸로 4를 세면
11, 10, 9, 8

수 모형을 이용할 수 있어요.

14-3=

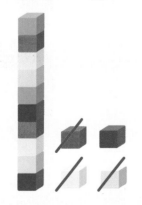

블록을 이용할 수 있어요.

5-4=

전체와 부분을 나누어 생각해요.

10-6=

| 4 | 6 |

10

그림을 그려 봐요.

7-2=

10을 만들어서 계산해요.

15-7=

5 2

15에서 5를
먼저 뺀 다음, 2를
더 빼면 되네.

15-7=

5 10

10에서 7을 먼저 빼고
남은 수를 더해도
되겠다.

수직선을 이용할 수 있어요.

빼는 수만큼
수직선에서
왼쪽으로 가면
되겠다.

4-3=

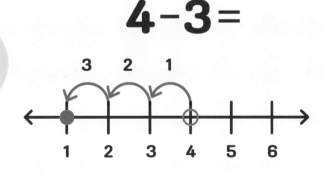

3 2 1

1 2 3 4 5 6

뺄셈식 만들기

그림을 보고 알맞은 뺄셈식을 완성해 보세요.

□ - □ = □

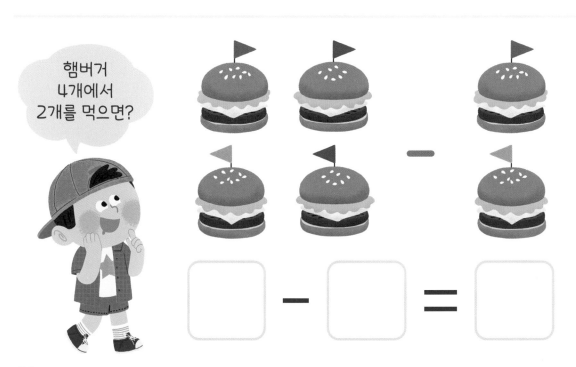

□ - □ = □

세로식으로 계산하기

두 수의 덧셈을 세로식으로 바꿔서 계산해 보세요.

보기

십의 자리   일의 자리

$$13 + 4 = +$$

1	3
	4
1	7

십의 자리끼리,
일의 자리끼리
더해요.

$$15 + 2 = +$$

$$23 + 5 = +$$

$$45 + 4 = +$$

$$31 + 12 = +$$

두 수의 뺄셈을 세로식으로 바꿔서 계산해 보세요.

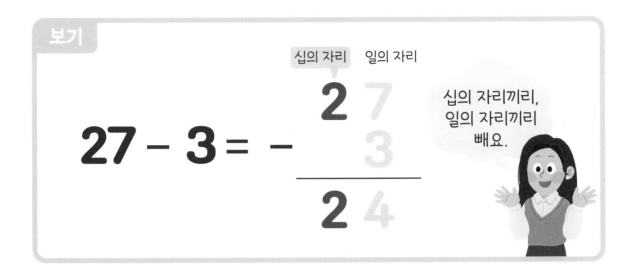

보기

십의 자리   일의 자리

27 - 3 =

$$\begin{array}{cc} 2 & 7 \\ - & 3 \\ \hline 2 & 4 \end{array}$$

십의 자리끼리,
일의 자리끼리
빼요.

19 - 3 = -

26 - 5 = -

34 - 11 = -

45 - 24 = -

세 수의 덧셈, 뺄셈

키위가 2개, 수박이 1개, 블루베리가 3개 있어요.
모두 몇 개일까요?

2 + 1 + 3 = [ ]

귤이 7개 있어요. 처음에 2개 먹고, 이어서 1개를 더 먹었어요.
남은 귤은 몇 개일까요?

7 - 2 - 1 = [ ]

세 수의 계산은
앞에서부터
차례대로 해요.

5장에서 배워요

- 비슷한 모양 찾기
- 색에서 규칙 찾기
- 모양에서 규칙 찾기
- 수에서 규칙 찾기
- 게임 만들기
- 규칙 만들기

5장

모양과
규칙 찾기

비슷한 모양 찾기

비슷한 모양을 찾아 스티커를 붙여 보세요.

원기둥

사각기둥

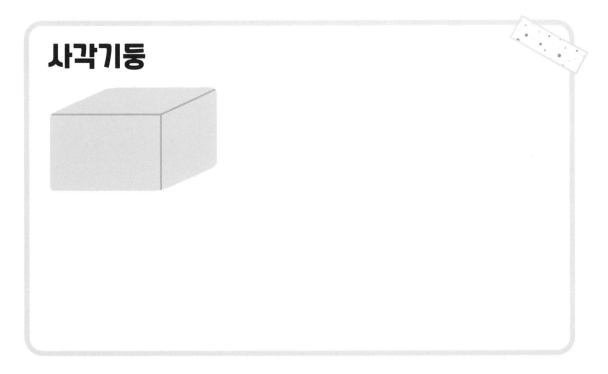

삼각기둥

구

구와 비슷한
모양이 뭐가
있더라.

그림 속에서  모양은 각각 몇 개일까요?

아이들의 동그란
눈동자는 빼고 세어요.

■ : ＿＿＿＿　　　▲ : ＿＿＿＿　　　● : ＿＿＿＿

 모양 스티커를 붙이고 그림을 그려 보세요.

색에서 규칙 찾기

규칙에 따라 빈칸을 색칠해 보세요.

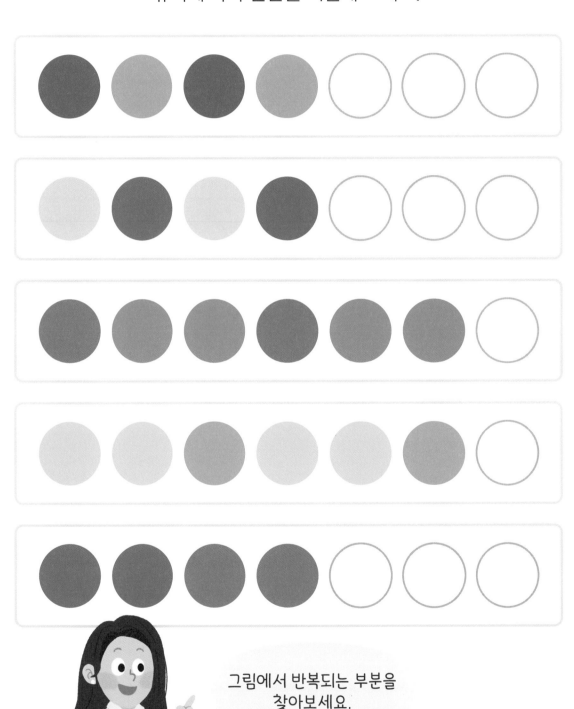

그림에서 반복되는 부분을
찾아보세요.

모양에서 규칙 찾기

규칙에 따라 빈칸에 알맞은 과일 스티커를 붙이세요.

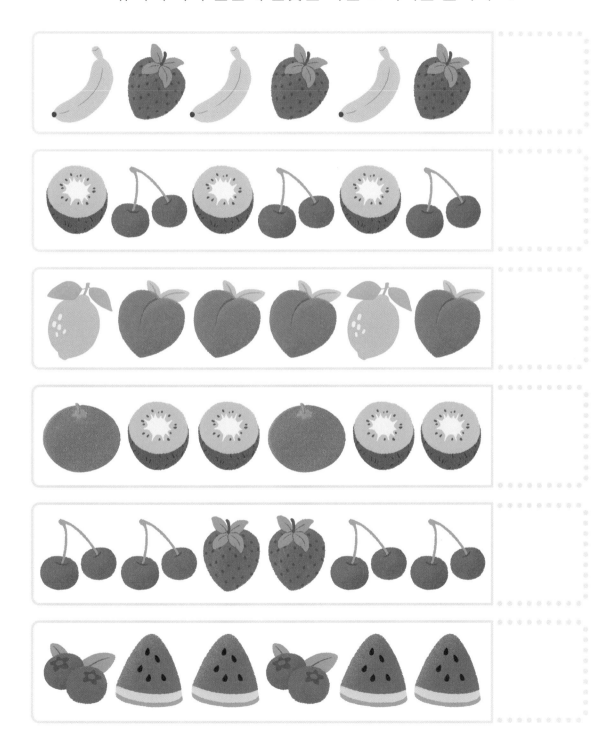

수에서 규칙 찾기

규칙에 따라 빈칸에 알맞은 수를 써넣으세요.

1		3	4	
6		8		10

2	4		8	10
12		16	18	

1		5		9
	13	15		

5	10			25
30		40	45	

	20			50
60			90	

수 배열표를 보고 규칙을 완성한 다음,
규칙에 따라 배열표의 빈칸에 알맞은 수를 써넣으세요.

↓ 에 있는 수는 _____ 씩 커집니다.
⟶ 에 있는 수는 _____ 씩 커집니다.

1	2	3	4	5		7	8	9	10
11	12	13	14		16	17	18	19	20
21	22	23	24	25	26	27		29	30
31	32	33		35	36	37	38	39	40
41		43	44	45	46	47	48	49	50
	52	53	54	55	56	57	58	59	60
61	62	63	64	65		67	68	69	70
71	72	73		75	76	77	78	79	
81	82	83	84	85	86	87	88		90
91	92		94	95	96	97	98	99	100

게임 만들기

다람쥐가 도토리를 얻으려면 어떻게 가야 할까요?

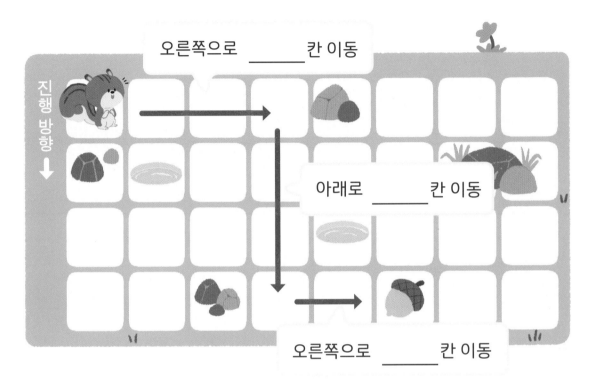

오른쪽으로 _____칸 이동

진행 방향 ↓

아래로 _____칸 이동

오른쪽으로 _____칸 이동

컴퓨터 코딩

다람쥐가 이동한 칸을 순서대로 써넣으세요.

시작	▶
방향 →	오른쪽으로
이동	칸
방향 ↓	아래로
이동	칸
방향 →	오른쪽으로
이동	칸
멈추기	

다람쥐가 도토리를 얻기 위해서 어떻게 갔지?

규칙 만들기

두 가지 모양이 어떤 규칙을 가지고 있는지 말해 보세요.

나만의 규칙을 만들어 과일 스티커를 붙여 보세요.

6장에서 배워요

- 시계에 대해 알아봐요
- '몇 시' 읽는 법
- '몇 시 30분' 읽는 법
- 시계 읽기 척척박사
- 달력에 대해 알아봐요
- 달력 속 1년

6장

시계
읽기

시계에 대해 알아봐요

주변에 어떤 시계들이 있나요?
시계는 어떻게 생겼을까요?

나만의 시계를
상상해서 그려 보세요.

길이가 긴 바늘은 **분침** 이에요.

몇 분 인지 알려 줘요.

시계에는 몇 개의
수가 있을까요?

개

분침, 시침을
따라 쓰며 알아봐요.

시계에는 분을
나타내는 작은
눈금들이 있어요.

11 12 1
10 2
9 3
8 4
7 6 5

길이가 짧은 바늘은 **시침** 이에요.

몇 시 인지 알려 줘요.

'몇 시' 읽는 법

긴바늘이 12를 가리킬 때는 짧은바늘이
가리키는 수에 시를 붙여 읽어요.

 : **이라고 쓰고**

 라고 읽어요.

몇 시인지 시각을 쓰고, 읽어 보세요.

:

시

:

시

84

맞는 시각을 연결해 보세요.

4:00 •

8:00 •

6:00 •

10:00 •

2:00 •

'몇 시 30분' 읽는 법

긴바늘이 6을 가리킬 때는 '몇 시 30분'이라고 읽어요.
시는 짧은바늘이 가리키는 곳에서 더 작은 수를 읽어요.

| 3 | : | 30 | 이라고 쓰고 |

| 세 시 삼십 분 | 이라고 읽어요. |

몇 시인지 시각을 쓰고, 읽어 보세요.

| | : | |
| 시 | | 분 |

| | : | |
| 시 | | 분 |

맞는 시각을 연결해 보세요.

5:30

12:30

9:30

7:30

2:30

시계 읽기 척척박사

짧은바늘과 긴바늘이 어디를 가리키는지 잘 살펴요.

몇 시인지 시각을 쓰고, 읽어 보세요.

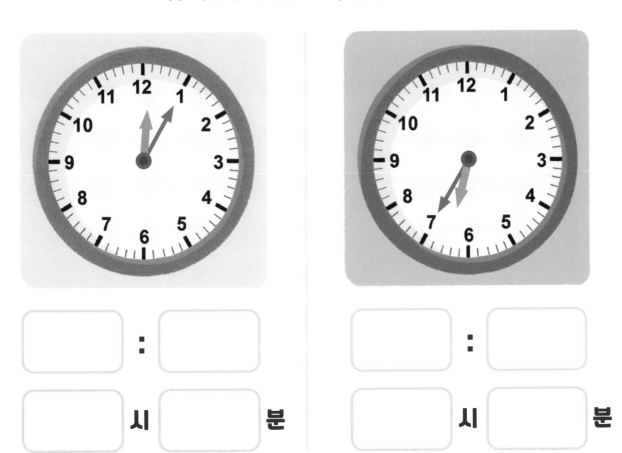

	:	

시 분

	:	

시 분

정각, 15분, 30분, 45분을 알아요.

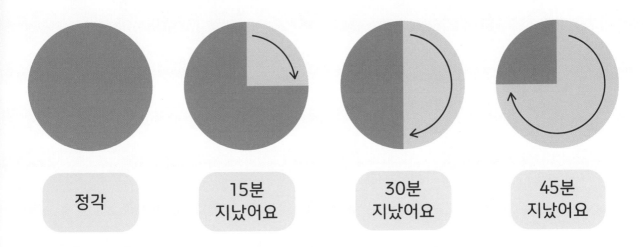

| 정각 | 15분
지났어요 | 30분
지났어요 | 45분
지났어요 |

시각에 맞게 짧은바늘과 긴바늘을 그려 보세요.

7:35   9:22   12:43

자유롭게 시곗바늘을 그린 뒤 시각을 쓰고, 읽어 보세요.

    :   :

시   분   시   분

달력에 대해 알아봐요

달력을 보면 몇 년 몇 월 며칠인지 알 수 있어요.

달력은 1~12월까지 있어요.

몇 년인지 알 수 있어요.

8 AUG   2035

일주일은 7일로 이루어져 있어요.

일요일	월요일	화요일	수요일	목요일	금요일	토요일
			1	2	3	4
5	6	7	8	9	10	11
12	13	14	15	16	17	18
19	20	21	22	23	24	25
26	27	28	29	30	31	

이날은 2035년 8월 27일 이에요.

한 달은 보통 30~31일이에요. 2월만 28일 또는 29일이에요.

달력 속 1년

1월부터 12월까지 중요한 날들을 써 보세요.

내 생일 : [   ] 월 [   ] 일

가족 ＿＿＿＿＿＿생일 : [   ] 월 [   ] 일

가족 ＿＿＿＿＿＿생일 : [   ] 월 [   ] 일

가족 ＿＿＿＿＿＿생일 : [   ] 월 [   ] 일

설날 : [   ] 월 [   ] 일

입학식 : [   ] 월 [   ] 일

현장 체험 학습 : [   ] 월 [   ] 일

운동회 : [   ] 월 [   ] 일

여름 방학식 : ☐ 월 ☐ 일

친구 _____ 생일 : ☐ 월 ☐ 일

친구 _____ 생일 : ☐ 월 ☐ 일

친구 _____ 생일 : ☐ 월 ☐ 일

추석 : ☐ 월 ☐ 일

겨울 방학식 : ☐ 월 ☐ 일

크리스마스 : ☐ 월 ☐ 일

93

정답을 맞춰 보세요

32쪽

2, 3, 5, 6, 8

33쪽

2 | 5 | 3, 5 | 1, 3 | 2 | 7 |
6, 7 | 5, 6 | 3 | 8

36쪽

5, 4, 9 | 6, 2, 8

37쪽

5, 8, 4, 7, 9, 8, 5, 6, 8, 9, 7

38쪽

7, 4, 3 | 6, 3, 3

39쪽

 (dice row — see image)

44쪽

9, 8, 7, 6, 5, 4, 3, 2, 1

46쪽

32, 40, 18, 14

47쪽

15, 12, 13, 11, 14

48쪽

18, 20, 19, 17

49쪽

6, 9, 30, 47, 64, 76, 90 |
6, 20, 38, 41, 60, 67, 85

50쪽

5, 9, 11, 19, 23 |
30, 31, 37, 44, 48

51쪽

55, 56, 63, 67, 75 |
77, 85, 88, 91, 99

52쪽

짝수 | 홀수 | 2, 4, 6, 8, 10, 12, 14, 16, 18, 20

54쪽

깁니다, 가볍습니다

55쪽

넓습니다, 많습니다

58쪽

6, 12, 12, 5

59쪽

10, 7, 12, 12, 4

60쪽

9, 9, 8, 10, 12, 15, 12, 13, 20

61쪽

3, 2, 5 | 6, 3, 9

62쪽

2, 8, 11, 1

63쪽

4, 5, 8, 8, 1

64쪽

5, 1, 4 | 4, 2, 2

65쪽

15, 2, 17 | 23, 5, 28 |
45, 4, 49 | 31, 12, 43

66쪽

19, 3, 16 | 26, 5, 21 |
34, 11, 23 | 45, 24, 21

67쪽

6, 4

70쪽

원기둥

사각기둥

71쪽

삼각기둥

구

72쪽

▣ : <u>4</u>　　△ : <u>9</u>

● : <u>5</u>

74쪽

75쪽

76쪽

2, 5, 7, 9 | 6, 14, 20 | 3, 7, 11, 17, 19 | 15, 20, 35 , 50 | 10, 30, 40, 70, 80, 100

77쪽

10, 1 | 6, 15, 28, 34, 42, 51, 66, 74, 80, 89, 93

78쪽

3, 3, 2 | 3, 3, 2

83쪽

12

84쪽

5, 00, 다섯 | 7, 00, 일곱

85쪽

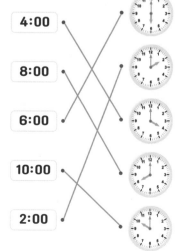

86쪽

4, 30, 네, 삼십 |
8, 30, 여덟, 삼십

87쪽

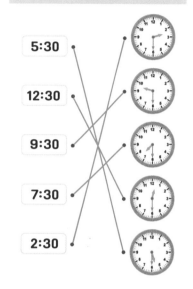

89쪽

12, 5, 열두, 오 |
6, 35, 여섯, 삼십오

90쪽

2025년 1월 15일 1판1쇄 발행

글 | 백다은 그림 | 홍선미
펴낸이 | 나성훈 펴낸곳 | ㈜예림당 등록 | 제2013-000041호
주소 | 서울특별시 성동구 아차산로 153 홈페이지 | www.yearim.kr
구매 문의 전화 | 561-9007 팩스 | 562-9007
책 내용 문의 전화 | 3404-9245
ISBN 978-89-302-1786-6 74370
    978-89-302-1785-9 74370 (세트)

기획·편집 | 전윤경 / 심다혜 정유진 디자인 | 김신애
제작 | 신상덕 / 박경식 콘텐츠제휴 | 문하영
마케팅 | 임상호 / 전훈승

ⓒ2025 백다은, 예림당

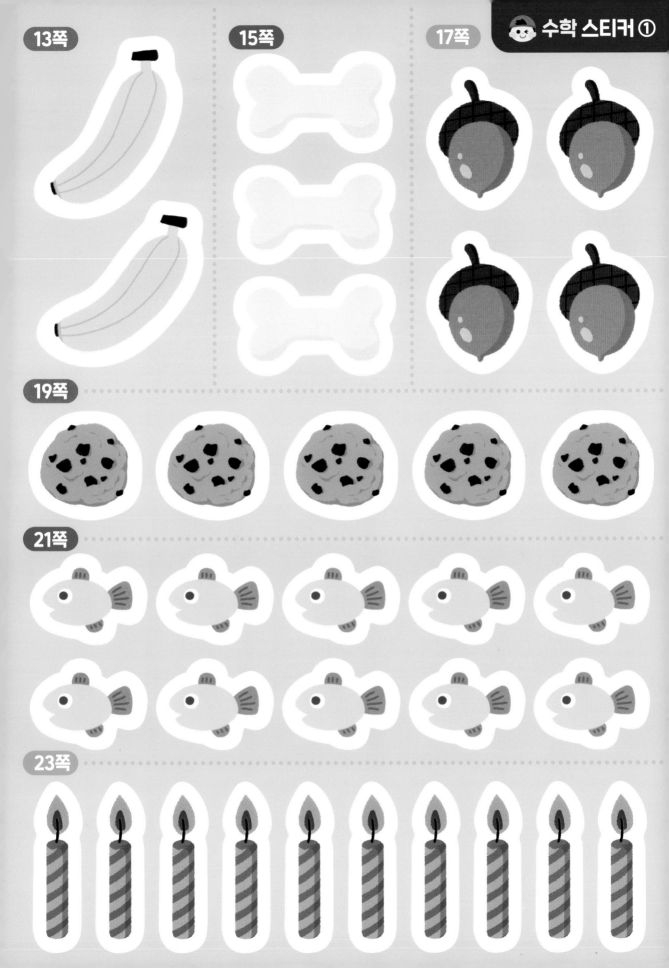

13쪽

15쪽

17쪽

19쪽

21쪽

23쪽

25쪽

27쪽

29쪽

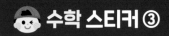

43쪽

70쪽

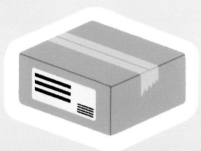  

71쪽

73쪽

75쪽

79쪽